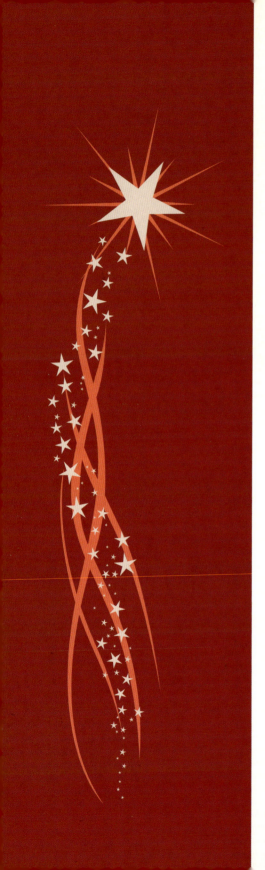

Dados Internacionais de Catalogação na Publicação (CIP)
Angélica Ilacqua CRB-8/7057

Krieger, Murilo S. R. (Murilo Sebastião Ramos), 1943-
 Natal : nasceu para nós um menino / Dom Murilo S. R. Krieger. – São Paulo : Paulinas, 2021.
 56 p.

 ISBN 978-65-5808-080-0

 1. Natal 2. Jesus - Natividade I. Título

21-2331 CDD 232.92

Índice para catálogo sistemático:
1. Natal   232.92

1ª edição – 2021

Direção-geral: *Flávia Reginatto*
Editora responsável: *Vera Ivanise Bombonatto*
Copidesque: *Ana Cecilia Mari*
Coordenação de revisão: *Marina Mendonça*
Revisão: *Sandra Sinzato*
Gerente de produção: *Felício Calegaro Neto*
Projeto gráfico e seleção de imagens: *Irma Cipriani*
Capa e diagramação: *Tiago Filu*

Nenhuma parte desta obra poderá ser reproduzida ou transmitida por qualquer forma e/ou quaisquer meios (eletrônico ou mecânico, incluindo fotocópia e gravação) ou arquivada em qualquer sistema ou banco de dados sem permissão escrita da Editora. Direitos reservados.

Paulinas
Rua Dona Inácia Uchoa, 62
04110-020 – São Paulo – SP (Brasil)
Tel.: (11) 2125-3500
http://www.paulinas.com.br – editora@paulinas.com.br
Telemarketing e SAC: 0800-7010081
© Pia Sociedade Filhas de São Paulo – São Paulo, 2021

Dom Murilo S. R. Krieger

NATAL
Nasceu para nós um menino

*"Isto vos servirá de sinal:
encontrareis um recém-nascido,
envolto em faixas
e deitado numa manjedoura."
(Lc 2,12)*

*"Feliz é aquele que tem Belém em seu coração,
em cujo coração nasce Cristo cada dia."
(São Jerônimo,* Homilia in Psalmun, *95)*

*"O povo que andava nas trevas
viu uma grande luz;
para os que habitavam as sombras da morte,
uma luz resplandeceu.
Pois nasceu para nós um menino,
um filho nos foi dado."*
(Is 9,1.5)

*"Depois que ouviram o rei [Herodes],
[os magos do Oriente] partiram.
A estrela, que viram no Oriente,
ia à sua frente até parar sobre o lugar
onde estava o menino.
Quando entraram na casa,
viram o menino com Maria, sua mãe."*
(Mt 2,9.11)

*"Hoje, amados filhos,
nasceu o nosso Salvador.
Alegremo-nos!
Não pode haver tristeza
no dia em que nasce a vida;
uma vida que, dissipando o temor da morte,
enche-nos de alegria
com a promessa de eternidade."*
(São Leão Magno, Papa,
Sermo in Nativitate Domini, 1)

SUMÁRIO

Apresentação 8

Preparar os caminhos do Senhor................................. 10

Por que se celebra o Natal no dia 25 de dezembro? 16

Vem, Senhor Jesus! 20

O que acontece no Natal? 24

Natal: a manifestação visível do amor de Deus...................... 28

Uma grande luz envolveu os pastores 32

Nasceu para nós um menino 36

Grande é nosso júbilo 40

Jesus: o presente que recebemos 44

Um lugar para Jesus 48

Celebração do Natal em família 52

APRESENTAÇÃO
Deus veio morar entre nós

"A Palavra se fez carne" (Jo 1,14). Chama nossa atenção a maneira como São João começa seu Evangelho. As palavras servem para expressarmos o que pensamos, desejamos ou projetamos. Nós as usamos para demonstrar nosso amor e nosso ódio. Através delas podemos nos aproximar ou nos afastar dos outros. Elas constroem pontes de amor ou criam abismos que, depois, é difícil transpor.

Quando São João escreve "A Palavra se fez carne" quer nos revelar que o Pai se expressa através de uma Palavra, e essa Palavra é o seu Filho. Jesus é a Palavra do Pai. Para nos comunicar quem é e o que deseja de nós, o Pai se utiliza de seu Filho. Ouvir o Filho é ouvir o Pai. De nossa parte, para conhecer o Pai precisamos nos voltar para Jesus e ouvir o que ele nos diz, o que nos ensina, como nos ama, como se relaciona conosco etc. Vendo-o e ouvindo-o, ouvimos e vemos o Pai. Nosso Deus tem um rosto: o rosto de Jesus.

"A Palavra se fez carne." Como isso é possível? Só há uma explicação: o amor. "Deus é amor" (1Jo 4,16), e é próprio do amor expandir-se, comunicar-se. A encarnação do Filho de Deus é a expressão de uma certeza: Deus nos ama infinitamente. Nosso Deus quer nossa companhia. Ele vem até nós por sua Palavra – e como nos encontra? Encontra-nos, por vezes, longe dele, isto é, infelizes, investindo tempo e energia em coisas superficiais e

mesquinhas. Vindo a nós, a Palavra do Pai abre novos horizontes em nossa vida. É como se, por ele, o Pai nos dissesse: "Vocês podem ter um outro modo de se relacionar; podem me amar, e serão felizes; podem viver como irmãos, perdoando-se e ajudando-se mutuamente; podem viver em paz. Basta que ouçam o meu Filho e o sigam. Ele abre perspectivas em sua vida, agora e eternamente".

Por que, então, nos é tão difícil acolher Jesus? Por que empobrecemos tanto nossa vida e a complicamos? Por que fazemos o mundo ser do jeito que é? Por que criamos tantas trevas? São João afirma que a Palavra veio como uma luz no meio das trevas (cf. Jo 1,5). Isso significa que, por onde passamos, deixamos as marcas de nosso egoísmo e pecado. Mas nasce a esperança! Há a possibilidade de sermos novas criaturas, pessoas novas. Para isso, será essencial conhecermos a Palavra que se fez carne e a acolhermos.

"A Palavra se fez carne." O profeta Isaías antecipou que a Palavra se fez menino – menino que os pastores de Belém conheceram, quando entraram na gruta onde estavam Maria e José; menino que os magos do Oriente encontraram e adoraram. Todos eles constataram: Deus veio habitar entre nós! Jesus é, realmente, o Emanuel, o Deus-conosco! Essa é a descoberta que todos nós somos chamados a fazer. *Natal: nasceu para nós um menino* quer nos ajudar nessa descoberta.

PREPARAR OS CAMINHOS DO SENHOR

Isaías, o grande profeta do Antigo Testamento, que previu a vinda de Jesus.
"Pois saibam que Javé lhes dará um sinal: a jovem conceberá e dará à luz um filho, e o chamará pelo nome de Emanuel." (Is 7,14)

"Preparai o caminho do Senhor, endireitai suas veredas."
(Mt 3,3)

Assim como a sociedade se organiza em torno do ano civil, a Igreja vive em função do ano litúrgico. Enquanto o ano civil começa no dia 1º de janeiro e termina no dia 31 de dezembro, o ano litúrgico começa com o primeiro domingo do Advento e termina com a solenidade de Nosso Senhor Jesus Cristo, Rei do Universo. No percurso do ano litúrgico, vivemos as grandes etapas da História da Salvação: a promessa de um Salvador, a preparação de sua vinda, a encarnação e a vida pública de Jesus, sua paixão, morte e ressurreição, sua volta ao Pai, o envio do Espírito Santo e a peregrinação do povo de Deus rumo à pátria eterna. Mais do que recordar fatos do passado, fazemos "memória" deles – isto é, vivemos esses fatos hoje sob uma nova forma, com um novo espírito, abertos à ação da graça divina.

Nas quatro semanas do tempo do Advento, a Igreja nos convida a viver os sentimentos e a espiritualidade de nossos irmãos do Antigo Testamento, em sua longa espera pelo Messias prometido. Caminhamos em direção a Cristo, que vem ao nosso encontro no Natal, e nos preparamos para sua vinda gloriosa, no final dos tempos. Durante o tempo do Advento, nossos principais mestres são o profeta Isaías, o precursor João Batista e "a serva do Senhor", Maria Santíssima.

Isaías viveu em um dos períodos mais difíceis da história do povo de Israel – aproximadamente no sétimo século antes de Cristo. Naquela época, o Egito e a Assíria disputavam o domínio da região. O profeta viu seu país ser invadido e destruído mais de uma vez. Embora tivesse um bom relacionamento com a classe dominante, sua pregação não era ouvida. Ao contrário: seus ouvintes tornavam-se cada vez mais indiferentes, desprezando-o e ridicularizando-o. Isaías, contudo, não se calava. Suas palavras, marcadas pela esperança, ressoam ainda hoje:

> Preparai no deserto o caminho do Senhor, aplainai na solidão a estrada de nosso Deus... A glória do Senhor se manifestará... Eis o vosso Deus, eis que o Senhor Deus vem com poder, seu braço tudo domina... Como um pastor, ele apascenta o rebanho, reúne, com a força dos braços, os cordeiros e carrega-os ao colo (Is 40,3.5.10-11).

Isaías nos dá o testemunho da necessidade de buscarmos o Salvador, tendo uma vida reta e cheia de esperança viva.

João Batista, consciente de que sua missão consistia em preparar os caminhos apontados por Isaías, convidou o povo à conversão:

> Aplainai o caminho do Senhor... Convertei-vos, porque o Reino dos céus está próximo... Produzi frutos que provejam a vossa conversão... Toda árvore que não der bom fruto será cortada e jogada no fogo. Aquele que vem depois de mim é mais forte do que eu... Ele vos batizará com o Espírito Santo e com fogo (Jo 1,23; Mt 3,2.8.10-11).

A coroa do Advento tem forma circular, simbolizando a eternidade de Deus, que não possui início nem fim. É feita de ramos verdes, que representam a continuidade da vida, a esperança. É composta de 3 velas roxas e 1 vela rosa e fitas vermelhas. A coroa do Advento é considerada, tradicionalmente, como "o primeiro anúncio do Natal".

"Vem o mais forte que eu atrás de mim, de quem não sou digno de, abaixando-me, desatar a correia de suas sandálias." (Jo 1,27)

*"Preparai no deserto
o caminho do Senhor,
aplainai na solidão
a estrada de nosso Deus...
A glória do Senhor
se manifestará...
Eis o vosso Deus,
eis que o Senhor Deus
vem com poder,
seu braço tudo domina..."*
(Is 40,3.5.10)

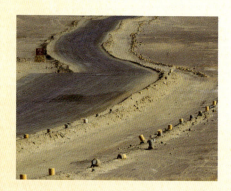

"Como um pastor, ele apascenta o rebanho, reúne, com a força dos braços, os cordeiros e carrega-os ao colo." (Is 40,11)

O anjo disse-lhe: "Não temas, Maria, pois achaste graça diante de Deus. Conceberás em teu seio; darás à luz um filho e o chamarás Jesus." (Lc 1,30-31)

Maria Santíssima foi a primeira a saber que o Messias prometido era o próprio Filho de Deus. Na Anunciação, ela foi informada de que Deus tem um Filho e que, por isso, ele pode e deve ser chamado de Pai! Com o "sim" – "Faça-se em mim segundo a tua palavra" (Lc 1,38) – ela colaborou decisivamente para que o Filho de Deus assumisse nossa carne e habitasse no meio de nós. Podíamos, então, novamente nos alegrar: Deus, o Emanuel, passava a caminhar em nossas estradas. Entre as lições que Maria nos oferece, destacam-se a disponibilidade e a confiança.

Isaías, João Batista, Maria e uma multidão de irmãos e irmãs de todos os tempos e lugares nos ensinam a viver o Advento com uma prece constante nos lábios e no coração: "Vem, Senhor Jesus!" (Ap 22,20). Repetindo-a constantemente, estaremos nos preparando para acolher os dons que o Senhor deseja nos dar, por ocasião de sua vinda.

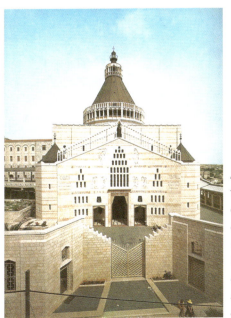

A Basílica da Anunciação, também chamada de Igreja da Anunciação, é localizada em Nazaré, no norte de Israel. Foi construída onde, de acordo com a tradição católica, ocorreu a Anunciação.

"O Espírito Santo descerá sobre ti, o poder do Altíssimo te cobrirá; por isso, aquele que vai nascer será santo; será chamado Filho de Deus."
(Lc 1,35)

POR QUE SE CELEBRA O NATAL NO DIA 25 DE DEZEMBRO?

Se procurarmos no Evangelho alguma indicação sobre o dia do nascimento de Jesus, nada encontraremos. No início de seus trabalhos apostólicos, a preocupação principal dos evangelizadores estava centrada na ressurreição do Senhor. Eles buscavam destacar que aquele a quem seguiam estava vivo, porque havia morrido, sim, mas ressuscitara. Isso se nota claramente nos dez discursos de Pedro e de Paulo no livro dos Atos dos Apóstolos – discursos chamados "querigmáticos" (querigma: primeiro anúncio; apresentação das verdades fundamentais do cristianismo). Só em um segundo momento os pregadores aprofundaram e pormenorizaram as verdades da fé.

No tempo do Papa Júlio I, que governou a Igreja do ano 337 a 352, é que foi introduzida a solenidade do Natal no calendário litúrgico. Até então, celebrava-se apenas a festa da Epifania – isto

O Papa Júlio I introduziu a solenidade do Natal no calendário litúrgico, que passou a ser celebrado no dia do sol invicto, isto é, em 25 de dezembro.

Sob o altar da Igreja da Natividade, uma estrela em mármore traz a escrita em latim:
"Qui il Verbo si fece Carne"
(Aqui o Verbo se fez Carne), para assinalar o local do nascimento de Jesus.

é, a manifestação do Senhor aos povos pagãos, representados pelos magos do Oriente. Com a Epifania ficava claro que Jesus era o Salvador não só de um povo, mas de todos os povos.

A escolha da data atual do Natal ocorreu ainda durante o Império Romano, que obrigava todos os povos a celebrarem a festa do "sol invicto", o renascimento do sol invencível. Era invencível, uma vez que caía (morria) de noite e se levantava (renascia) a cada manhã. Esse renascimento diário era celebrado no dia 25 de dezembro. O sol era também símbolo da verdade e da justiça, igualmente consideradas invencíveis, uma vez que, por mais que muitos tentassem destruí-las, elas sempre renasciam vitoriosas. O sol, considerado um deus, era uma luz poderosa que iluminava o mundo inteiro. Igualmente, a verdade e a justiça eram luzes poderosas para todos os povos.

Durante o Império Romano celebrava-se a festa do "sol invicto", considerado um deus que iluminava o mundo inteiro.

A Igreja da Natividade foi construída por cima de uma gruta, que pode ter sido o local do nascimento de Jesus.

"Sobre aqueles que habitavam a terra da sombra, uma luz resplandeceu."
(Is 9,1)

"Nascido da Virgem Maria, tornou-se verdadeiramente um de nós, semelhante a nós em tudo, exceto no pecado."
(Concílio Vaticano II, Gaudium et Spes, 22)

Em vez de simplesmente combater essa festa pagã, os cristãos passaram a apresentar Jesus Cristo, nascido em Belém, como o verdadeiro sol, já que ele nos veio trazer a verdade e a justiça. Também ele passou pela morte, mas dela ressurgiu, mostrando que era invencível. Seu nascimento – isto é, seu natal – passou, então, a ser celebrado no dia do sol invicto, isto é, em 25 de dezembro.

Com o nascimento de Jesus, tínhamos a possibilidade de conhecer o rosto de Deus. Afinal, ele passou a viver em nosso meio. Mais:

> Trabalhou com mãos humanas, pensou com inteligência humana, agiu com vontade humana, amou com coração humano. Nascido da Virgem Maria, tornou-se verdadeiramente um de nós, semelhante a nós em tudo, exceto no pecado (Concílio Vaticano II, *Gaudium et Spes*, 22).

Jesus conversa com a mulher samaritana.
(Jo 4,5-30)

Jesus crescia em sabedoria, em estatura
e em graça diante de Deus e dos homens.
(Lc 2,52)

Jesus, na sinagoga, lendo as Escrituras.
(Lc 4,17)

O nascimento de Jesus é continuamente lembrado pela humanidade, pois contamos os anos a partir desse acontecimento. Gratos pelo dom que recebemos, em nome daqueles que o aceitam como "Senhor", e, também, dos que não o conhecem e que, por esse motivo, não o amam, somos convidados a lhe dizer:

> Vimos te adorar, Menino Jesus. Estamos maravilhados diante da grandeza e da simplicidade do teu amor. Tu agora estás conosco para sempre. Tu, pobre, frágil, pequeno. Estás conosco, pois és o Emanuel. Em ti refulgem a divindade e a paz. Tu nos ofereces a vida da graça. Teu sorriso volta-se para os pequenos, pobres e simples. Por isso, depositamos a teus pés as nossas orações, a nossa vida e tudo o que somos e temos. Olha com especial carinho para aqueles que não te conhecem. Que também eles descubram as dimensões infinitas do teu amor, sol invencível! Amém.

VEM, SENHOR JESUS!

Em nossa preparação para o Natal, somos chamados a cultivar a esperança, a conversão e a pobreza.

A esperança

Quando rezamos: "Maranatá, vem, Senhor" (1Cor 16,22), sabemos que aquele que esperamos virá, porque ele é fiel às suas promessas. Se Deus é fiel, como não sermos esperançosos e alegres? Na Anunciação, o anjo Gabriel convidou a Virgem Maria a se alegrar com o anúncio que lhe estava sendo feito. Essa alegria foi experimentada por João Batista ainda antes de ele nascer: quando Maria entrou na casa de Isabel e a saudou, "A criança saltou de alegria em seu ventre" (Lc 1,41).

O nascimento de Jesus é uma alegre festa para os homens e as mulheres que ele veio salvar, pois em seu coração nasce a esperança. O Deus da revelação tem um nome: "Deus da esperança" (Rm 15,13). Sem Cristo, a humanidade perderia a esperança (cf. Ef 2,12), porque ele é a nossa esperança (cf. 1Tm 1,1); tão íntima, que está dentro de nós: "Cristo em nós, esperança da glória" (Cl 1,26-27). De fato, Jesus é o sustento e o fundamento da esperança na vida eterna (cf. Tt 1,2). Por isso, o Advento procura alimentar a nossa esperança e a nossa confiança no Senhor: "A ti, Senhor, elevo a minha alma; em ti confio, meu Deus. Que eu não fique envergonhado" (Sl 25[24],1).

Hoje, um dos mais graves problemas do mundo é a falta de esperança. A droga e a violência, a ganância e a sensualidade desenfreadas são expressões de um mundo que necessita encontrar o sentido autêntico da vida – isto é, que busca, sem saber encontrar, razões para ter esperança.

Naqueles dias Maria partiu sem demora para uma cidade na região montanhosa de Judá. Entrou na casa de Zacarias e saudou Isabel.
(Lc 1,39)

"Maranatá, vem, Senhor!"
(1Cor 16,22)

"Quando Maria entrou
na casa de Isabel
e a saudou,
a criança saltou de alegria
em seu ventre."
(Lc 1,41)

"Tu és bendita
entre as mulheres,
e bendito é o fruto
do teu ventre."
(Lc 1,42)

Isaías indica a vinda do Emanuel.
"Um ramo sairá da cepa de Jessé, um rebento brotará das suas raízes."

(Is 11,1)

"Já é hora de despertardes do sono, pois agora a salvação está mais próxima de nós..."
(Rm 13,11)

A conversão

O Advento é um tempo adequado para uma mudança nos rumos de nossa vida. Não saborearemos a alegria verdadeira e não teremos esperança se não retornarmos ao Senhor de todo o coração, na expectativa de sua volta. O cristão é filho da luz e, por isso, permanece acordado e resiste às trevas, símbolo do mal. O apóstolo São Paulo quer que despertemos, que saiamos do sono e estejamos preparados para receber a salvação definitiva (cf. Rm 13,11-14). A conversão, a volta para o Senhor, exige de nós uma luta diária contra o maligno; exige sobriedade e oração contínua: "Sede sóbrios e vigiai. Vosso adversário, o demônio, anda ao redor de vós como o leão que ruge, buscando a quem devorar. Resisti-lhe fortes na fé" (1Pd 5,8-9).

A pobreza

Uma outra virtude a cultivarmos no tempo do Advento é a simplicidade. Não penso somente naquele que é despojado e

pobre porque lhe faltam recursos econômicos e financeiros, mas também naquele que é pobre porque confia somente em Deus e se apoia totalmente nele. Esses "anawin", como são chamados na Bíblia hebraica, são "aqueles que se curvam", isto é, os humildes, que dependem de Deus, quer sejam materialmente ricos ou pobres. Suas disposições fundamentais são o temor a Deus e a fé. Jesus proclamou felizes os pobres e neles reconheceu os herdeiros privilegiados do Reino que veio anunciar. Ele mesmo foi pobre, desde o nascimento: nasceu em uma gruta, por falta de lugar nas hospedarias; não tinha nem uma pedra como travesseiro; morreu despojado até de suas vestes. No Advento, somos chamados a verificar o grau de nossa pobreza: confiamos totalmente no Senhor? Temos esperança de que cumpra suas promessas? Somos disponíveis e dóceis aos seus planos? Nosso coração está desapegado dos bens terrenos?

Alimentando nossa espiritualidade com esses valores e virtudes, estaremos nos preparando adequadamente para acolher o Senhor que vem ao nosso encontro no Natal.

O apóstolo São Paulo adverte:
"Já é hora de despertardes do sono, pois agora a salvação está mais próxima de nós."
(Rm 13,11)

"Maria envolveu-o em faixas e deitou-o numa manjedoura."
(Lc 2,7)

O QUE ACONTECE NO NATAL?

"Naqueles dias, saiu um decreto do imperador Augusto mandando fazer o recenseamento de toda a terra – o primeiro recenseamento, feito quando Quirino era governador da Síria. Todos iam registrar-se, cada um na sua cidade.
Também José, que era da família e da descendência de Davi, subiu da cidade de Nazaré, na Galileia, à cidade de Davi, chamada Belém, na Judeia, para registrar-se com Maria, sua esposa, que estava grávida."

(Lc 2,1-5)

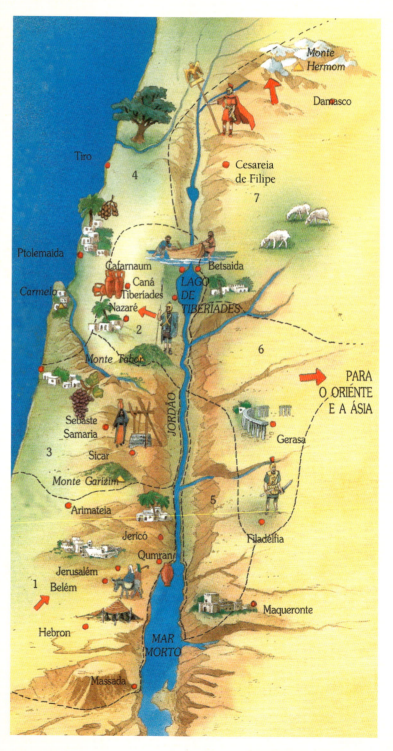

"Todos iam se fazer recensear, cada qual em sua própria cidade."
(Lc 2,3)

"Eles foram para lá apressadamente e encontraram Maria, José e o recém-nascido deitado na manjedoura."
(Lc 2,16)

O que acontece no Natal? Para nos ajudar a responder essa pergunta, o evangelista Lucas nos coloca no centro dos acontecimentos (Lc 2,1-20). Ele nos convida a contemplarmos o presépio, isto é, a cena da gruta de Belém. A apresentação que faz daquele acontecimento nos deixa surpresos, pois Jesus não é descrito diretamente. Fôssemos nós a narrar o nascimento de uma criança, falaríamos de seu rosto e de seu choro, de seu tamanho e peso. Lucas nada nos diz a esse respeito. Ele não elogia Jesus nem se preocupa em nos falar como era aquela criança que "Maria envolveu em faixas e a deitou em uma manjedoura" (Lc 2,7).

Na primeira parte do que Lucas descreve, ele parece querer destacar José e Maria, que se submeteram a um homem poderoso – César Augusto. Esse imperador espalha o medo pela região: como não lhe obedecer, já que ele queria um recenseamento completo da população, para que ninguém deixasse de pagar os impostos? O imperador demonstra seu poder movimentando as pessoas, mesmo que se trate de mulheres como Maria, que está grávida e para a qual qualquer viagem representa um grande incômodo.

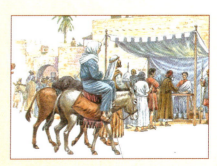

"... não tinha lugar para eles na sala de hóspedes."
(Lc 2,7b)

A segunda parte da descrição evangélica gira em torno dos pastores. Para que entendessem que a mensagem que ouviam era marcada pela alegria, foi preciso que os anjos os acalmassem: "Não tenhais medo!".

Mesmo que Lucas não entre em pormenores sobre Jesus, no centro da cena que narrou é o Filho de Deus que se destaca. Jesus é o centro do Natal. Tudo se movimenta a seu redor, isto é, ao redor de uma criança que, como tal, é frágil e indefesa. Jesus está no centro da vida de Maria e de José, no centro da vida dos pastores. Mais: está no centro da história. Tudo gira em volta dele; tudo foi feito por ele e para ele.

É interessante observarmos os presépios, não importando de que maneira são feitos nem por quem. Em todos eles, as figuras estão ali em função de Jesus. Todas estão voltadas para ele ou têm sentido por causa dele. José o protege. Maria é aquela que está a seu lado. Os pastores, para visitá-lo, deixam seu rebanho. Jesus nada diz, nada ordena e, no entanto, todos são tocados por ele.

A partir de seu nascimento, em Belém, Jesus passa a estar no centro da vida dos homens e das mulheres, dos jovens e das crianças de todos os tempos – também dos que não o aceitam.

Ele veio trazer a salvação e a paz para todos, mas não obriga ninguém a aceitá-las. No Natal, o Pai dá o maior de todos os presentes à humanidade. Ele não nos dá o seu Filho porque somos santos ou bons, mas porque somos necessitados e precisamos de um redentor. Sem Jesus, pereceríamos. Sozinhos, não conseguiríamos trilhar o caminho do amor.

O que acontece no Natal? Com a ajuda do evangelista Lucas descobrimos que, no Natal, Deus abre imensos horizontes diante de nós, pois nos tira do caminho da morte e nos introduz no caminho da vida. O apóstolo Paulo nos dirá que, no Natal, "a graça salvadora de Deus se manifestou a toda a humanidade", pois Cristo "se entregou por nós, para nos resgatar de toda iniquidade e purificar para si um povo que lhe pertença e que seja zeloso em praticar o bem" (Tt 2,11.14). Purificar para si um povo que lhe pertença! Somos chamados a pertencer a esse povo que tem como centro Jesus. Um povo que se dedique a praticar o bem.

O que acontece no Natal? Acontece simplesmente isto: "Nasceu para nós um menino" (Is 9,5). Jesus, o Filho de Deus, está no meio de nós! Como os pastores, louvemos e glorifiquemos a Deus por tudo o que temos ouvido e visto (cf. Lc 2,20).

NATAL: A MANIFESTAÇÃO VISÍVEL DO AMOR DE DEUS

Coloque-se no lugar de um pai de família, envolvido pelo apelo do filho, da filha ("O senhor sabe o que quero ganhar no Natal?"), pelas contas a pagar, pelo dinheiro que está escasso, e se pergunte: "Como esse pai se preparará para o Natal?".

Procure colocar-se no lugar de uma mãe, para captar seus sentimentos, e reconheça: não é fácil para ela concentrar-se no sentido dessa festa, pois muito provavelmente fica envolvida com a tarefa de montar o presépio e a árvore natalina, com a preocupação dos presentes que precisam ser comprados e com o jantar que deve ser preparado.

Busque ver o Natal do ponto de vista de um jovem, envolvido por projetos e propostas, por desilusões e esperanças: como será o seu Natal? Conseguirá fazer dele uma experiência marcada pela mensagem de Belém?

São muitos os que procuram viver intensamente o Natal, envolvidos por uma certeza: Deus, o poderoso e santo, nos dá o mais belo dos presentes: Jesus! Paulo dirá: o Natal é "a manifestação visível da bondade e do amor de Deus pelos homens" (Tt 3,4). Em Jesus, o Pai se dá a si próprio e demonstra o quanto nos ama (cf. Jo 3,16). Jesus, o rosto visível do Pai, nos comunica o quanto somos importantes para ele. Ver Jesus é ver o Pai; aceitá-lo, é aceitar o Pai; amá-lo, é amar o Pai. A verdade precisa ser dita em sua totalidade: recusá-lo, é recusar o Pai. Jesus veio manifestar não o poder de Deus, mas sua bondade.

É cativante ouvi-lo falar do Pai. Sem sua revelação, teríamos uma imagem pobre, incompleta e imperfeita de Deus. Transmitindo-nos os segredos que conhecia desde toda a eternidade, Jesus nos ensina que a vida tem sentido quando nos abandonamos nas mãos daquele que é o "Pai nosso".

"Tua fé te salvou; vai em paz."
(Lc 7,50)

"Quem é este que até o vento e o mar lhe obedecem?"
(Mt 8,27)

Jesus parte o pão com os discípulos.
(Lc 24,30)

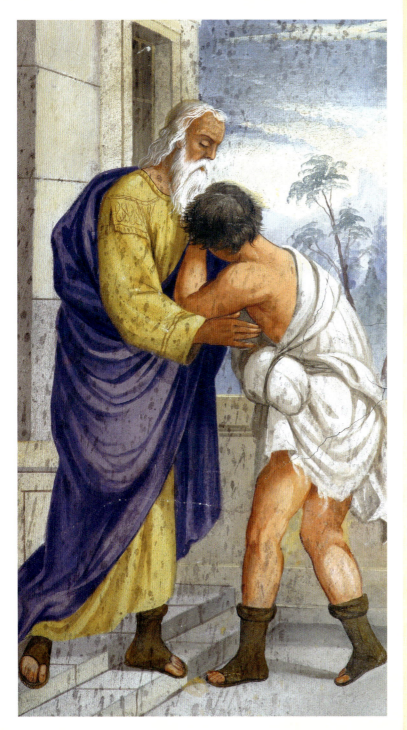

*"Em Jesus,
o Pai se dá a si próprio
e demonstra
o quanto nos ama."
(cf. Jo 3,16)*

"O poder do Senhor estava com ele
para realizar curas."
(Lc 5,17)

"Sede misericordiosos
como vosso Pai é misericordioso."
(Lc 6,36)

"O Filho do Homem veio buscar o que estava perdido."
(Mt 18,11)

"As minhas ovelhas escutam a minha voz, eu as conheço e elas me seguem. E eu lhes dou a vida eterna; elas nunca perecerão e ninguém poderá arrancá-las da minha mão."
(Jo 10,27-28)

No Natal, Jesus vem buscar o que estava perdido. Por Jesus, o Pai vem ao encontro da humanidade ferida, sofrida e prostrada à beira da estrada, como o homem que foi atendido pelo bom samaritano, na estrada que vai de Jerusalém a Jericó. O projeto do Pai é que cada pessoa tenha vida, e a tenha em abundância. Como seu coração ficaria indiferente, diante de filhos sofridos e esmagados? Sei que poderão nascer, no coração de alguns, perguntas do tipo: Por que Deus não muda o mundo? Por que não acaba com os sofrimentos que nele se multiplicam? Por que nada faz pelas crianças abandonadas? Não darei explicações teológicas para demonstrar que grande parte do mal que existe no mundo é fruto de decisões, erros ou omissões humanas, e, também, do uso incorreto da liberdade.

Lembro apenas a oração que um homem fez ao entrar em uma igreja, depois de passar, na entrada, por um grupo de pessoas que pediam esmolas: "Senhor, faça alguma coisa por estes pobres!". Em resposta, ele ouviu: "Já fiz: você!".

"Ao entrar no mundo, Cristo diz: ... Eis que venho, ó Deus, para fazer a tua vontade" (Hb 10,5-7). Jesus é um filho obediente e disponível. Fez sua a vontade do Pai, mesmo sendo necessário, para isso, morrer na cruz. Viver segundo as exigências do Natal é procurar ter um coração pronto para fazer a vontade de Deus. É perguntar-lhe: O que precisa ser mudado em minha vida? Em minha família? No mundo? Jesus veio ensinar-nos que temos um único Pai; infelizmente, não vivemos como irmãos, preocupados uns com os outros. Quantos, diante de desafios, escondem-se atrás da indiferença ("Não é problema meu!") e do egoísmo ("Cada um que cuide de si!").

No Natal, dando-nos seu Filho, Deus reafirma que nos ama e acredita em nós. Para aqueles que têm dificuldade de acreditar nisso, uma sugestão: aproximem-se do presépio, contemplem, longa e calmamente, a cena da gruta de Belém. O resto deixem por conta daquele que é o Filho de Deus, o Salvador.

"Eu vim para que todos tenham vida, e vida em abundância." (Jo 10,10)

"Quando encontra a ovelha perdida, coloca-a sobre seus ombros, cheio de alegria."
(Lc 15,5)

UMA GRANDE LUZ ENVOLVEU OS PASTORES

"Um anjo do Senhor apareceu aos pastores, a glória do Senhor os envolveu em luz e eles ficaram com muito medo."
(Lc 2,9)

O Natal nos possibilita viver o acontecimento descrito pelo evangelista Lucas: "Completaram-se os dias para o parto, e Maria deu à luz o seu filho primogênito. Ela o enfaixou e o colocou na manjedoura, pois não havia lugar para eles na hospedaria" (Lc 2,6-7).

O nascimento de Jesus parecia fazer parte apenas de uma estatística, ainda mais que, como descreve Lucas, aconteceu em meio a um recenseamento oficial, ordenado pelo imperador romano César Augusto. Para muitos, era apenas um nascimento a mais. O que havia de diferente nesse nascimento eram as circunstâncias: não acontecia em uma casa, mas em uma gruta, ordinariamente reservada para abrigar animais.

"Hoje, na cidade de Davi, nasceu para nós um Salvador, que é o Cristo Senhor."
(Lc 2,11)

Certamente, nem os moradores de Belém, nem os que eram da família de Davi e estavam chegando à cidade, por serem seus descendentes, poderiam imaginar que naquela noite, ali perto deles, estavam se cumprindo as palavras do profeta Isaías, muitas vezes lidas e meditadas pelo povo de Israel: "O povo, que andava na escuridão, viu uma grande luz... Porque nasceu para nós um menino, foi-nos dado um filho" (Is 9,1.5).

Ninguém, em Belém, poderia pensar que exatamente naquela noite as palavras de Isaías, escritas havia tanto tempo, estavam se concretizando. Quem por primeiro viu a luz do Natal foram os pastores, que pernoitavam nos campos, guardando seus rebanhos

"Um anjo do Senhor
apareceu aos pastores,
e a glória do Senhor
os envolveu em luz..."
(Lc 2,9)

"Glória a Deus
no mais alto dos céus
e paz na terra
aos homens por ele amados."
(Lc 2,14)

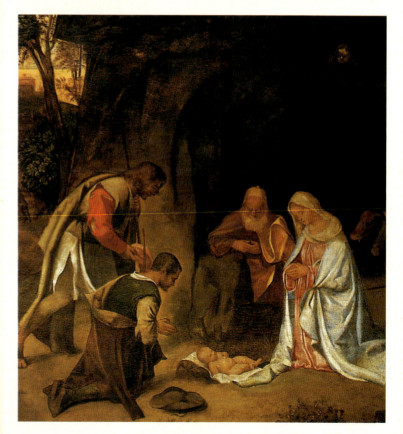

durante a noite. Os pastores eram filhos daquele povo que andava na escuridão e, ao mesmo tempo, foram os representantes desse mesmo povo, escolhidos para, naquele momento, ver a grande luz. Foi o que escreveu Lucas: "Um anjo do Senhor apareceu aos pastores, a glória do Senhor os envolveu em luz, e eles ficaram com muito medo" (Lc 2,9).

No meio daquela luz que vinha de Deus e, em resposta a seu medo, que é a resposta dos corações simples, diante da experiência da luz divina, surgiu a voz: "Não tenhais medo! Eu vos anuncio uma grande alegria... Hoje, na cidade de Davi, nasceu para nós um Salvador, que é o Cristo Senhor" (Lc 2,10-11). Essas palavras devem ter feito brotar a alegria no coração daqueles homens simples, conhecedores, como todo o povo de Israel, da grande promessa: um dia viria o Messias. Esse Messias estava agora sendo anunciado; ele vinha trazer "uma grande alegria... para todo o povo". Para ver a manifestação da glória divina, os pastores eram convidados a ir à gruta e ver o sinal: "um recém-nascido envolto em faixas e deitado em uma manjedoura" (Lc 2,12). Eles foram as primeiras testemunhas dessa grande manifestação do amor de Deus; eles nos precederam; eles, pessoas simples e pobres.

Somos gratos aos pastores. Através deles, conhecemos a letra do cântico dos anjos: "Glória a Deus no mais alto dos céus, e paz na terra aos homens por ele amados" (Lc 2,14). Que consolo são essas palavras! Os anjos não disseram que Deus ama somente os santos, os perfeitos, os que não têm pecados. Todos nós somos amados por Deus; cada um de nós. Deus nos ama porque vê em nós a sua imagem; olha para nós e nos vê como semelhantes a ele próprio. Nesse olhar de complacência e de amor, o Pai nos dá seu Filho Jesus.

Diante do amor de Deus, qual deverá ser a nossa resposta? Prostremo-nos diante do Menino Jesus. Associemo-nos a Maria, a José e aos pastores de Belém. Então, com simplicidade, coloquemos a seus pés nossas alegrias e preocupações, nossas lágrimas e esperanças.

Haverá melhor maneira de celebrarmos a solenidade do Natal?...

NASCEU PARA NÓS UM MENINO

"Manifestou-se, de fato, a graça salvífica de Deus para todos."
(Tt 2,11)

"Nasceu para nós um menino" (Is 9,5), anunciou o profeta Isaías. "Eu vos anuncio uma grande alegria... nasceu para vós um Salvador" (Lc 2,10-11), disse o anjo, aos pastores de Belém. "A graça de Deus se manifestou" (Tt 2,11), proclamou o apóstolo Paulo a Tito. Eis três maneiras diferentes de se referir à noite de Natal.

O evangelista Lucas lembrou a viagem feita por Maria e José a Belém; recordou as palavras dos anjos: os pastores não deveriam ter medo; ao contrário, deveriam experimentar a alegria por serem lembrados e amados por Deus, e essa alegria deveria ser vivenciada também por todo o povo.

Para saber como viver o Natal, hoje, procuremos conhecer o que sentiram alguns participantes daquela noite memorável.

Maria. O que se passou em seu coração, por ocasião do nascimento de Jesus? Devia ter uma imensidão de lembranças, pois, pelo conhecimento que tinha das Escrituras, ela sabia que Deus não havia abandonado a humanidade após o pecado. Devia recordar a Anunciação e a experiência da gravidez, quando pôde levar o Filho de Deus em seu coração. (Uma pausa para lembrar o pensamento de uma homilia de Santo Antônio, em uma noite de Natal: "Como é grande a glória da Virgem Maria, que deu um Filho a Deus Pai! Deu à luz o seu Filho. O Pai deu a divindade; Maria, a humanidade; o Pai deu a majestade; ela, como Mãe, deu a fraqueza".) Quando tomou a criança em seus braços, Maria fez uma experiência única: sabia que o Menino era seu; mas sabia, também, que era do Pai. Mais do que ninguém, podia dizer, aplicando a si as palavras do profeta Isaías: "Foi me dado um filho". Um dia, seu Filho se entregaria por todos, "para nos resgatar de toda maldade e purificar para si um povo que lhe pertença e que se dedique a praticar o bem" (Tt 2,14). Acostumada a guardar tudo em seu coração, Maria deve ter passado a vida lembrando-se daquela noite na gruta de Belém.

José. Chamado a acompanhar Jesus, deve ter-se perguntado: "Por que Deus olhou para mim? Serei capaz de exercer essa

"Eis que uma virgem
conceberá
e dará à luz um filho,
e lhe dará o nome
de Emanuel."
(Is 7,14)

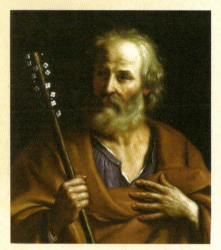

"José, filho de Davi,
não tenhas receio de receber Maria,
tua mulher, pois o que nela foi gerado
vem do Espírito Santo."
(Mt 1,20b)

"Quando José despertou do sono, fez o que o anjo do Senhor lhe tinha ordenado." (Mt 1,24)

missão? Deus não foi ousado demais, dando-me essa responsabilidade?". Restava-lhe uma única saída: entregar-se, confiante, nas mãos de Deus, fazendo, em cada momento, o que lhe fosse solicitado.

Os pastores. Fizeram a experiência da glória do Senhor, que os envolveu em luz; viram e ouviram um anjo ("Não tenhais medo!"), anunciando-lhes uma alegre notícia; ouviram um canto – e como devia ser bonito o canto dos anjos! Devem ter-se perguntado: "Não estamos sonhando?". Afinal, sabiam não ter nenhuma importância na sociedade. Até então, nunca alguém havia olhado para eles. Por que Deus, então, olharia? Só havia uma maneira de ter resposta para tais perguntas: ir ao local indicado,

"Ele [José] levou
Maria para casa, e,
sem ter relações com ela,
Maria deu à luz um filho.
E José deu a ele o nome
de Jesus."
(Mt 1,24-25)

para ver se realmente havia nascido, naquela noite, ali perto deles, o Salvador, o Cristo Senhor. Foram, viram e tomaram consciência de que Deus é assim mesmo: ama, com carinho especial, os humildes, os fracos e os pecadores.

Hoje, no Natal, somos nós que estamos diante de Jesus. Não podemos ficar indiferentes diante do presépio, pois somos amados, somos muito amados por Deus que, no Natal, não destaca sua grandeza, seu poder criador ou sua majestade, mas mostra do quanto é capaz o seu amor.

No Natal, como Maria, somos convidados a buscar a vontade de Deus; como José, a entregar-nos a seu plano de amor; e, como os pastores, a maravilhar-nos com a sua misericórdia.

"Havia na mesma região pastores, que viviam nos campos e montavam guarda durante a noite junto a seu rebanho."
(Lc 2,8)

"Quando os anjos os deixaram, indo para o céu, os pastores disseram entre si: Vamos, pois, até Belém e vejamos o que aconteceu, o que o Senhor nos deu a conhecer."
(Lc 2,15)

"Não tenhais medo! Eu vos anuncio uma Boa-Nova, que causará grande alegria a todo o povo: hoje, na cidade de Davi, nasceu para vós um Salvador, que é o Cristo Senhor."
(Lc 2,10-11)

GRANDE É NOSSO JÚBILO

"Tudo isso aconteceu para se cumprir
o que o Senhor tinha dito pelo profeta:
Eis que a virgem ficará grávida
e dará à luz um filho.
Ele será chamado pelo nome de Emanuel,
que significa: Deus-conosco."
(Mt 1,22-23)

No ano 5199, desde a criação do mundo, quando Deus no princípio criou o céu e a terra; no ano 2957, desde o dilúvio; no ano 2015, desde o nascimento de Abraão; no ano 1510, desde Moisés e a saída do povo de Israel do Egito; no ano 1032, desde a unção de Davi como rei; na 65ª semana, segundo a profecia de Daniel; na 194ª Olimpíada; no ano 752, desde a fundação de Roma; no 42º ano do império de Otaviano Augusto; quando estava em paz o universo; na sexta idade do mundo, Jesus Cristo, eterno Deus e Filho eterno do Pai, querendo santificar o mundo com sua vida piedosíssima, foi concebido do Espírito Santo; e, decorridos nove meses após a concepção, nasceu em Belém de Judá, de Maria Virgem, feito homem: eis o nascimento de Nosso Senhor Jesus Cristo, segundo a carne.

É dessa maneira que o Martirológio romano – elenco dos santos e bem-aventurados da Igreja Católica, mártires ou não, descreve em texto elaborado no século XVI e atualizado periodicamente – faz o solene anúncio do nascimento de Jesus Cristo, o Salvador. Mais importante do que verificar a exatidão ou não das datas apresentadas é levar em conta o essencial: o nascimento de Jesus, o Filho de Deus, o Salvador, que está no centro da história

"Salmodiai para o Senhor com a cítara,
com cítara e voz de salmo."
Sl 98(97)

"Glória a Deus nas alturas
e paz aos homens,
nos quais ele se compraz."
(Lc 2,14)

do mundo. Dirigindo-se aos gálatas, o apóstolo Paulo esclareceu: "Quando veio a plenitude dos tempos, Deus enviou seu Filho, que nasceu de uma mulher e nasceu submetido a uma lei, a fim de remir os que estavam sob a lei, para que recebêssemos a sua adoção" (Gl 4,4). Em outras palavras: em Jesus, nós nos tornamos filhos e filhas de Deus.

É Natal! Jesus nasce! Grande é nosso júbilo! Mas, como estarmos alegres, se estamos vivendo momentos difíceis? São muitas as formas de sofrimento que atingem nossas famílias e a sociedade. Mais de vinte e um séculos depois da solene proclamação feita pelos anjos – "Glória a Deus nas alturas e paz na terra aos homens por ele amados!" (Lc 2,14) –, não há paz em muitos países, lares ou corações. Há uma multidão de pessoas que sofrem, e de muitas maneiras, o que nos mostra ser necessário um mutirão de amor e de solidariedade para mudar essa situação e, assim, podermos viver segundo a vontade de Deus, em um mundo fraterno e pacífico. Pois o Natal é o anúncio de uma certeza: com as graças que o Menino Jesus nos traz, conseguiremos construir um mundo justo e uma sociedade sem exclusões.

"Vinde!
Jubilemos ao Senhor!"
Sl 95(94)

- Albanês: *Gëzuar Krishtlindjet*

- Alemão: *Frohe Weihnachten*

- Armênio: *Shenoraavor Nor Dari yev Pari gaghand*

- Basco: *Zorionak*

- Búlgaro: *Весела Коледа*

- Catalão: *Bon Nadal*

- Coreano: *Chuk Sung Tan*

- Croata: *Sretan Božić*

- Dinamarquês: *Glædelig jul*

- Eslovaco: *veselé Vianoce*

- Espanhol: *Feliz Navidad*

- Esperanto: *Gajan Kristnaskon*

- Estoniano: *Häid jõule*

- Finlandês: *Hyvää joulua*

- Francês: *Joyeux Noël*

No Natal, alegres pelo privilégio de sermos filhos e filhas de Deus, glorifiquemos o Pai, dizendo-lhe:

> Bendito sejais, ó Pai, porque, no vosso amor infinito, nos destes o vosso Filho unigênito. Ele se tornou nosso companheiro de viagem e deu novo significado à história. Pela vossa graça, este Natal seja ocasião de conversão profunda e feliz regresso a vós; seja tempo de reconciliação entre os homens e progressiva concórdia entre as nações. Sustentai, ó Pai, com a força do Espírito

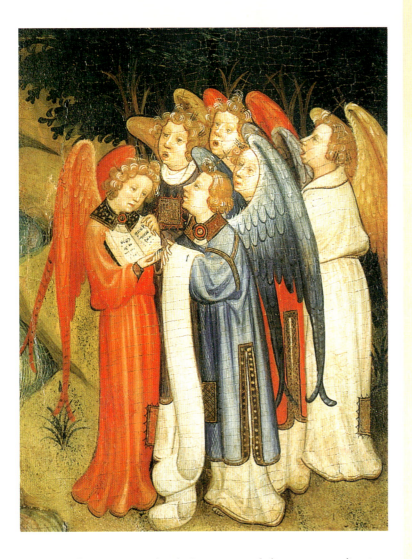

- Grego: *Καλά Χριστούγεννα*
- Inglês: *Merry Christmas*
- Irlandês: *Nollaig Shona*
- Italiano: *Buon Natale*
- Japonês: *Merii Kurisumasu*
- Latim: *Felicem natalem Christi*
- Mandarim: *Kung His Hsin Nien*
- Neerlandês: *Prettig Kerstfeest*
- Norueguês: *God Jul*
- Português: *Feliz Natal*
- Romeno: *Crăciun fericit*
- Russo: *Sprazdnikom Rozdestva Hristova*
- Sueco: *God Jul*
- Tcheco: *Veselé Vánoce*
- Turco: *Mutlu Noeller*
- Ucraniano: *Srozhdestvom Kristovym*

Santo, o empenho da Igreja em prol da nova evangelização e guiai seus passos pelas estradas do mundo, para anunciar Cristo com novo entusiasmo. Resplandeçam os discípulos de Jesus por seu amor para com os pobres e os oprimidos; sejam eles também solidários com os necessitados e misericordiosos com todos. Cresça o diálogo entre as religiões e todos descubram a alegria de serem vossos filhos e filhas. A vós, ó Pai, por Jesus Cristo, o Vivente, Senhor do tempo e da história, no Espírito que santifica o universo, louvor, honra e glória, hoje e pelos séculos sem fim. Amém.

"Feliz Natal" é uma expressão natalina universal, que traz em si mensagem de fé, de alegria e fraternidade, pelo nascimento do menino-Deus.

JESUS: O PRESENTE QUE RECEBEMOS

O presépio foi criado por São Francisco de Assis, em uma gruta na cidade de Greccio (Itália). São Francisco queria que as pessoas compreendessem melhor o nascimento de Jesus, por isso pediu a seu amigo Giovanni que preparasse o local conforme ele tinha pedido. São Francisco celebrou o Natal do Senhor entre o boi e o jumento para demonstrar a simplicidade do local que Jesus escolheu nascer.

Na noite de Natal de 1223, em Greccio (Itália), São Francisco de Assis fez um presépio – o primeiro da história. Era a representação do estábulo de Belém e das figuras que participaram do nascimento de Cristo. Desde então, os presépios se espalharam pelos lares e pelo mundo.

Não é possível imaginar um presépio sem uma criança. O profeta Isaías nos anuncia: "Nasceu para nós um menino, foi-nos dado um filho" (Is 9,5). Não é possível imaginar um presépio sem uma mãe. Segundo o evangelista Lucas, "Maria deu à luz o seu filho primogênito... o enfaixou e o colocou na manjedoura" (Lc 2,7). Não é possível imaginar um presépio sem pastores: "Naquela região havia pastores que passavam a noite nos campos, tomando conta do seu rebanho" (Lc 2,8). Não é possível imaginar um presépio sem anjos. Um deles anunciou: "Hoje nasceu para vós um Salvador, que é o Cristo Senhor!". Os demais cantaram: "Glória a Deus no mais alto dos céus!" (Lc 2,11.13).

"A graça de Deus se manifestou trazendo a salvação para toda a humanidade."
(Tt 2,11)

Ouro representava a realeza de Cristo, ressaltando o fato de que ele era "o rei dos judeus".

O **incenso**, usado nos templos, era um presente exclusivo aos sacerdotes, reforçando, assim, a divindade de Cristo.

Composto usado no embalsamento, a **mirra** fazia referência ao sacrifício de Cristo e à sua ressurreição.

No Natal, somos nós os convidados a ir à gruta de Belém. Ali, o que vemos? O que encontramos? Vemos uma criança que nasce. Quando nasce uma criança, os que vão visitá-la costumam levar-lhe presentes. O que temos para oferecer ao Menino que nos é dado? Podemos dedicar-lhe o ano que está terminando, com suas conquistas e desafios, com seus sofrimentos e alegrias. Não há dúvida de que o Senhor aceitará essa nossa oferta, pois nossa vida lhe interessa. Mas, pensando bem, não somos nós que damos presentes ao Menino Jesus. Ele, o Salvador, é o presente do Pai para nós. Quem afirma isso é o apóstolo Paulo, na Carta a Tito: "A graça de Deus se manifestou trazendo a salvação para todos os homens" (Tt 2,11).

Cresce o número de pessoas que se perguntam: Como viver o Natal? O profeta Isaías nos ajuda a responder essa questão. Tendo vivido cerca de 700 anos antes de Cristo, em um período muito

difícil, em que os líderes do povo, em vez de confiar em Deus, buscavam a proteção dos povos vizinhos, o profeta anunciou: "No meio das trevas há uma grande luz; o Senhor faz crescer a alegria no meio de seu povo; e o reino do menino que nasce será de paz" (cf. Is 9,1-6).

Também o apóstolo Paulo nos ajuda a viver o Natal: ele nos lembra de que Deus se manifestou a nós. Por isso, é preciso abandonar a impiedade e as paixões mundanas, e viver com equilíbrio, justiça e piedade. Afinal, Deus quer formar, por meio de Cristo, um povo que lhe pertença e que se dedique a praticar o bem (cf. Tt 2,11-14).

Acompanhemos o evangelista Lucas: ele começa afirmando que o Natal é a festa dos contrastes, pois houve um grande recenseamento e um humilde nascimento; uma grande alegria e uma humilde manjedoura; uma grande manifestação de Deus e o medo dominando o coração dos pastores. Mais forte do que tudo isso, porém, foi a proclamação do anjo: "Eu vos anuncio uma grande alegria!" (Lc 2,10).

Segundo a Palavra de Deus, viver o Natal significa tomar consciência de que o Pai nos dá um presente: seu Filho. Diante de tal dom, não podemos ficar indiferentes – antes, somos chamados a acolhê-lo, pois se trata do nosso Salvador. Acolhê-lo significa mudar de vida; viver como ele viveu; procurar fazer, como ele, a vontade do Pai; enfim, ter no coração um lugar para todos. Então, como os pastores, sentiremos necessidade de glorificar e louvar a Deus porque ele não se cansa de nos amar, perdoar e presentear.

"Não temais!
Eu vos anuncio
uma Boa-Nova,
que causará
grande alegria
a todo o povo."
(Lc 2,10)

"De repente,
junto com o anjo,
apareceu uma multidão
do exército celeste,
louvando a Deus e dizendo:
Glória a Deus nas alturas,
e na terra paz aos homens,
nos quais ele se compraz."
(Lc 2,13-14)

UM LUGAR PARA JESUS

*"Ele será grande
e será chamado
Filho do Altíssimo!"
(Lc 1,32)*

Nem o melhor poeta ou o mais famoso escritor conseguiriam descrever, com a simplicidade e a objetividade do evangelista Lucas, o que aconteceu na noite de Natal: "Enquanto [José e Maria] estavam em Belém, completaram-se os dias para o parto, e Maria deu à luz o seu filho primogênito. Ela o enfaixou e o colocou na manjedoura, pois não havia lugar para eles na hospedaria" (Lc 2,6-7).

"Tu lhe porás o nome de Jesus, pois ele vai salvar o seu povo dos seus pecados." (Mt 1,21)

Essa criança já tinha um nome, pois, na Anunciação, o anjo Gabriel havia dito a Maria: "Conceberás e darás à luz um filho, e lhe porás o nome de Jesus" (Lc 1,31). E quem era Jesus? Era o "Filho do Altíssimo", aquele que ocupará o trono de Davi, seu pai; "Reinará para sempre sobre a descendência de Jacó, e o seu reino não terá fim" (Lc 1,32-33). Para José, o anjo do Senhor havia até explicado a razão da escolha do nome Jesus: "Tu lhe porás o nome de Jesus, pois ele vai salvar o seu povo dos seus pecados" (Mt 1,21).

O Filho do Altíssimo, o novo ocupante do trono de Davi, aquele cujo Reino não terá fim, o que foi esperado durante longos séculos pelo povo de Israel, foi colocado em uma manjedoura. A natureza mineral dava ao Filho do Altíssimo uma gruta; o mundo animal lhe emprestava uma vasilha onde era colocada a comida; na cidade dos homens, contudo, não havia lugar para o Filho do Altíssimo.

Refletindo sobre a constatação: "Não havia lugar para eles na hospedaria", concluímos que nós, homens e mulheres, vivemos tão ocupados com nós mesmos que não temos tempo para os outros, nem mesmo para Deus. Quanto mais rico alguém se torna, mais preenche seu tempo consigo mesmo.

A página do Evangelho que descreve o Natal não termina com a afirmação "Não havia lugar" para ele, pois houve pessoas que o acolheram. Maria, por exemplo, havia se preparado para o nascimento de seu Filho: envolveu-o com faixas; José começou a acolhê-lo quando, em sonhos, ouviu o anjo lhe pedir que não tivesse receio de receber Maria como esposa, pois o que nela tinha sido

"Jesus trouxe toda a novidade, trazendo-se a si mesmo."
(Santo Irineu)

gerado era obra do Espírito Santo (cf. Mt 1,20). Jesus foi acolhido por pastores dos arredores de Belém, segundo a descrição do evangelista Lucas: "Naquela região havia pastores...". Tendo visto anjos do Senhor envolvidos em luz e ouvido seu anúncio – "nasceu para vós um Salvador... Encontrareis um recém-nascido envolvido em faixas e deitado em uma manjedoura..." –, os pastores foram a Belém. Com sua decisão de ir ao encontro do Salvador, eles passaram a representar todos aqueles que, ao longo dos séculos, acreditariam nos sinais de Deus e se voltariam para seu Filho. Mais tarde, Jesus seria acolhido também pelos magos do Oriente: reconhecendo sua divindade, eles se prostrariam diante dele e o adorariam, presenteando-o com os seus dons.

No Natal, dando-nos seu Filho muito amado, o Pai vem ao encontro da humanidade – isto é, vem ao encontro de cada um de nós, para que nos tornemos seus filhos e filhas. Essa certeza

levou o Papa Leão Magno (440-461) a proclamar: "Reconhece, cristão, tua dignidade!".

Os primeiros cristãos, ao olharem ao seu redor, tomavam consciência do mal, do pecado e de inúmeras manifestações de egoísmo, e se perguntavam: "Afinal, que novidade trouxe o Senhor em sua vinda ao mundo?". E eles mesmos respondiam: "Jesus trouxe toda a novidade, trazendo-se a si mesmo" (Santo Irineu).

Com o carinho de Maria, com a fé profunda de José, com a alegre expectativa dos pastores, vamos, pois, acolher aquele que nasce em Belém. Belém é a casa de cada um de nós; é nosso coração; é o altar onde Cristo se oferece por nós. Hoje "nasceu para nós um menino" (Is 9,5). Hoje nasceu para nós o Salvador. Bem-vindo, Menino Jesus!

"Reconhece, cristão, tua dignidade!" (Papa Leão Magno)

CELEBRAÇÃO DO NATAL EM FAMÍLIA
(SE POSSÍVEL, DIANTE DO PRESÉPIO)

D: Dirigente
H: Homens
M: Mulheres

Canto (ou música)

D: É Natal.

H: Cada ano somos convidados a vivê-lo como se fosse o nosso primeiro Natal.

M: Somos chamados a celebrá-lo como se fosse o nosso último Natal.

H: Devemos celebrar este Natal como se fosse o nosso único Natal.

M: No Natal, atualiza-se o convite para assumirmos o gesto de Maria e de José, dos pastores e dos magos do Oriente.

H: Como eles, somos chamados a abrir as portas do nosso coração para o Filho do Altíssimo, que quer fazer de cada coração uma nova Belém.

M: O Natal é a comprovação do amor do Pai por nós. Ele nos dá um dom; ele se faz dom para nós em Jesus.

H: A presença do Filho de Deus em nosso meio é a maior prova do amor de Deus por nós.

M: Jesus vem ao nosso encontro com o seu extraordinário poder de transformar corações e vidas.

H: Chega até nós com um apelo de paz e um convite à vida fraterna.

M: O Natal nos leva a renovar um duplo compromisso: o de olharmos para o Menino do presépio e o de olharmos para a humanidade.

H: Jesus vem até nós para que tenhamos a capacidade de acolhê-lo como Salvador.

M: Jesus vem nos pedir para acolhermos cada pessoa, especialmente as mais necessitadas de receber nossa ajuda. Somos chamados a acolher também todos aqueles com quem convivemos diariamente.

H: No Natal, nosso mundo se torna um imenso presépio, e dele fazemos parte.

M: No Natal, um menino nos é dado. Nele, o Pai nos acolhe.

H: No coração de cada homem e de cada mulher nasce, novamente, a esperança.

M: Apesar do presente dado pelo Pai – a presença do Menino Jesus em nosso meio –, continuaremos enfrentando problemas.

H: Anima-nos, porém, uma certeza: não estamos mais sozinhos. Jesus é o Emanuel, o Deus-conosco. Ele caminha com cada um de nós. Ele caminha com todos nós.

D: Na certeza de que Jesus, o Filho de Deus, nasceu em Belém por nossa causa, e tendo o desejo de que nos acompanhe sempre, assumamos o compromisso de ler diariamente uma passagem da Bíblia, Palavra de Deus, para conhecer melhor a vontade do Pai a nosso respeito.

Agora, cada um de nós, em um breve momento de silêncio, apresentará ao Menino Jesus seus temores e suas alegrias, suas inquietações e esperanças, glorificando e louvando a Deus por tudo o que lhe foi dado ver, ouvir e fazer ao longo deste ano. Depois, a exemplo de Maria, guardemos tudo em nosso coração. *(Momento de silêncio.)*

As mães e as crianças: Jesus, que vieste ao mundo na noite de Belém, fica conosco! Tu, que és o Caminho, a Verdade e a Vida, guia-nos! Já que vieste ao nosso encontro para orientar a nossa vida com a luz do Evangelho, ilumina-nos. Nesta noite santa, que ninguém seja excluído do teu abraço, da tua misericórdia e da tua paz. Tu és o nosso Salvador, nosso único Salvador. Nós te acolhemos com alegria. Sê para nós a porta pela qual entraremos no Reino dos céus. Maria, tu que carregaste Jesus em teus braços, coloca o teu Filho em nosso coração e ensina-nos a amá-lo, a adorá-lo e a guiar nossa vida por seus ensinamentos. Amém.

Todos: Abençoai, Senhor, nossa família nesta noite de Natal. Abençoai nossa ceia de Natal. Obrigado pelo alimento, fruto de nosso trabalho. Obrigado pelo amor que nos une. Obrigado por aqueles que tanto nos ajudam. Obrigado pela generosidade dos amigos. Enchei o nosso coração de força e ternura, para sermos pessoas justas e servidoras. Ensinai-nos a repartir nossos dons com todos. Vós sois a bênção do Pai para nós. Nesta noite santa, pedimos vossa bênção para a Igreja e o mundo. Abençoai cada membro de nossa família, segundo as suas necessidades. Abençoai cada um dos que estão aqui. Amém.

Oração final: Pai-Nosso, Ave-Maria, Glória.

Canto: "Noite feliz".

NOITE FELIZ
Franz Gruber/Joseph Mohr

Noite feliz, noite feliz
Ó senhor, Deus de amor
Pobrezinho nasceu em Belém
Eis na lapa, Jesus nosso bem
Dorme em paz, ó Jesus
Dorme em paz, ó Jesus

Noite feliz, noite feliz
Eis que no ar vem cantar
Aos pastores os anjos dos céus
Anunciando a chegada de Deus
De Jesus Salvador!
De Jesus Salvador!

Noite feliz, noite feliz
Ó senhor, Deus de amor
Pobrezinho nasceu em Belém
Eis na lapa, Jesus nosso bem
Dorme em paz, ó Jesus
Dorme em paz, ó Jesus

Noite feliz, noite feliz
Eis que no ar vem cantar
Aos pastores os anjos dos céus
Anunciando a chegada de Deus
De Jesus Salvador!
De Jesus Salvador!

*A guirlanda
é um enfeite para embelezar a casa
e despertar o espírito natalino.
Simboliza a esperança
em uma vida nova,
cheia de fé e alegria,
que se renova a cada ano
com a chegada
do Menino Jesus no Natal.*

*A árvore de Natal
é um dos símbolos mais populares
das celebrações natalinas.
O pinheiro simboliza a vida,
pois é uma das poucas árvores
que sempre se mantêm verdes,
mesmo durante o inverno,
quando a maioria das árvores
perde as folhas.*

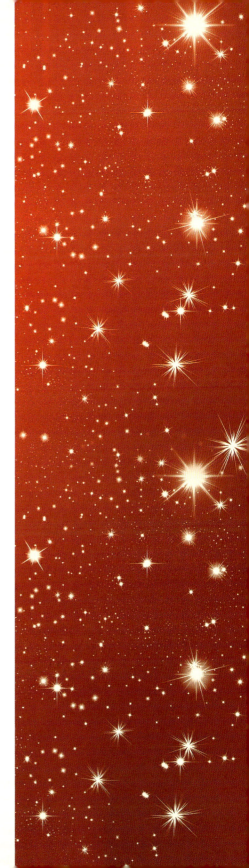

Todos os esforços foram feitos para localizar os detentores das imagens que estão no livro.
Todos os direitos estão reservados.

pp. 3, 5, 6, 8, 9, 10, 11, 13, 14, 18, 19, 44, 45, 46, 47, 48, 50, 51, 52, 55: Arquivo Paulinas. **pp. 2, 4, 17, 20, 28, 29, 30**: Depositphotos Inc.. **p. 10**: BECK, James H. *Pittura italiana del Rinascimento*. Koln: Könemann Verlagsgesellschaft, 1999. **p. 12**: WINK, Ronaldo. *Catedral São João Batista*: um marco de fé, história e arquitetura. Santa Cruz do Sul: Unisc, 2006. **p. 15**: GODFREY, Fr. *A Terra Santa*. Herzlia: Palphot, s.d. **p. 24**: LABOA, Juan María (org.). *I primi cristiani*: fino al 180. Milano: Jaca Book/Paoline, 2004. **p. 16**: TARZIA, Antonio (ed.). *I santi nella storia*: aprile. Milano/Cinisello Balsamo: Periodici San Paolo/Edizioni San Paolo, 2006. **pp. 16, 17**: SMITH, Randall D. Viagem na Terra Santa. s.l.: Doko, s.d. **pp. 19, 31, 44, 45, 54**: Pixabay GmbH. **p. 22**: MICHELI, Micaela (org.). *Il primo Natale*: nei vangeli di Luca e di Matteo e nella pittura del Rinascimento Italiano. Milano: Paoline, 1986. **pp. 21, 37**: *Cien rostros de María para la contemplación*: Madri, San Pablo, 1998. **pp. 22, 37**: RAVASI, Gianfranco (org.). *La Bibbia per la famiglia*. Milano: San Paolo, 1997. **pp. 24, 25**: COSTECALDE, Claude-Bernard (org.). *Kinder Bibel*. Stuttgart: Verlag Katholisches Bibelwerk, 1998. **pp. 32, 33**: LOMBARDI, Luigi. *La terra santa*. Narni-Terni: Plurigraf, 1979. **pp. 14, 47, 48, quarta capa**: FRANCES Lincoln Children's Books. *The first Christmas*. London: Frances Lincoln/National Gallery, 1992. **p. 38**: ENJUTO, Clemente Arranz. *Cien rostros de santos para la contemplación*. Madrid: San Pablo, 2000. **p. 42**: Cristina di Santa Maria.

Rua Dona Inácia Uchoa, 62
04110-020 – São Paulo – SP (Brasil)
Tel.: (11) 2125-3500
http://www.paulinas.com.br – editora@paulinas.com.br
Telemarketing e SAC: 0800-7010081